ALFAGUARA^{MR}

INFANTIL

ALFAGUARA INFANTIL^{MR}

WITHDRAWN

ALFAGUARA ^MR

INFANTIL

¿DÓNDE ESTÁ MI ALMOHADA?

Título en la lengua original: *Cadê meu travesseiro?*

D.R. © Del texto: Ana Maria Machado, 2005
D.R. © De las ilustraciones: Françesc Rovira, 2005
D.R. © De la traducción: Atalaire
D.R. © Revisión: Ana Pelegrín
D.R. © Santillana Ediciones Generales, S.L., 2005

D.R. © de esta edición:
Editorial Santillana, S.A. de C.V., 2013
Av. Río Mixcoac 274, Col. Acacias
México, 03240, México D.F.

Alfaguara Infantil es un sello editorial de Grupo Prisa, licenciado a favor
de Editorial Santillana, S.A de C.V.
Éstas son sus sedes:

ARGENTINA, BOLIVIA, CHILE, COLOMBIA, COSTA RICA, ECUADOR, EL SALVADOR, ESPAÑA,
ESTADOS UNIDOS, GUATEMALA, MÉXICO, PANAMÁ, PERÚ, PARAGUAY, PUERTO RICO, RE-
PÚBLICA DOMINICANA, URUGUAY y VENEZUELA.

Primera edición en Santillana Ediciones Generales, S.A de C.V.: mayo de 2007
Primera edición con Editorial Santillana, S.A. de C.V.:
mayo de 2013
Segunda reimpresión: enero de 2014

ISBN: 978-607-01-1499-1

Impreso en México

¿Dónde está mi almohada?

Ana Maria Machado
Ilustraciones de Françesc Rovira

ALFAGUARA MR

INFANTIL

Isabel ya tiene sueño,
ya tiene puesto el pijama.
Ya dijo las buenas noches
y ahora se va a la cama.

—¿Acaso viste mi almohada?
No sé dónde la dejé.
Quizás dentro, en la mochila
que en el parque me olvidé.

Van tres noches que no duermo,
porque la almohada perdí.
Seguro que quien la encuentre
no va a parar de dormir.

La busqué por todas partes,
hasta el último rincón.
En la punta de aquel cerro
capaz que se me perdió.

Pasé ríos, pasé puentes
y al barquero preguntaba:
—¿No habrás visto, no sabrás
dónde puede estar mi almohada?

—¡Ay mi almohadita de plumas,
tan blandita, una belleza!
Un príncipe la encontró
y se la dio a la princesa.

—¡Ay, ay, ay, qué mala suerte,

ay, ay, qué gente más mala!

¿Quién le dio a Rapuncel

mi almohadita blanda?

—Tengo una trenza muy blanda

así que almohada no quiero.

Quizá la vio Blancanieves

en el limón, limonero.

Blancanieves preparaba

torta para merendar.

—Cuando encuentre yo mi almohada,

voy a enseñarte a bordar.

—Cenicienta, Cenicienta,

del zapato de cristal.

¿No habrás visto la almohada

que me bordó mi mamá?

—Yo también perdí el zapato,
en el puente de Aviñón,
alguien se lo habrá llevado
cuando por allí pasó.

—¿Dónde estará mi almohada
olé, olé, olá?
¿Dónde estará mi almohada,
caballeros, dónde está?

—Por los caminos no estaba,
no hubo nadie que la viera.
Mandó el rey nuestro señor
buscarla por cielo y tierra.

—Cascarita de melón,
palacio, torre dorada…
¿Será que lo que yo busco
lo tiene Bella en su cama?

—Soy la Bella de la Bestia,
a ver si no hay confusión,
y es la Bella Durmiente,
la que duerme en el colchón.

—¿Almohada? ¡Dios me libre!
Estoy cansada de dormir.
Voy a pasear por el bosque
que el lobo no va a venir.

—Caperucita no sabe,

ella no vio la almohada.

Ni en el bosque ni en la calle.

Ya no sé dónde buscarla.

—Yo necesito mi almohada,

dónde estará, no adivino.

Que me consiga una nueva

la lámpara de Aladino.

—Quiero encontrar mi almohada,

¡Eh, señor Genio, atención:

que en la palma de mi mano

aparezca, por favor!

—Daremos la media vuelta,

vuelta entera hay que dar.

¿No será mejor llevarte

adonde la almohada está?

En la casa hay un cuarto,
cortinas de terciopelo,
todo allí es azul y blanco,
casi del color del cielo.

Hay un jardincito afuera
justo abajo del balcón.
Y la mamá de Isabel
la cama ya preparó.

—¡Ya encontré mi almohada,
en mi cuarto y en mi cama!
Quien la trajo es mi papá,
el príncipe que me ama.

FRANÇESC ROVIRA

Nací en el seno de una familia casi numerosa en Barcelona, el 20 de septiembre de 1958.

De pequeño, pasaba muchos ratos dibujando. En mi casa había muchos libros y algunas revistas. Lo que más me gustaba era mirar los dibujos, después leía el texto y así me daba cuenta de dónde había sacado la idea el dibujante. Poco a poco decidí que yo también quería explicar ideas dibujando.

Fui aprendiendo el oficio en una empresa de Artes Gráficas. Ahora ya hace unos cuantos años que me dedico a hacer ilustraciones para revistas, juegos y libros infantiles. Trabajo siempre en mi mesa con un gran y sugerente papel en blanco, tinta china, un montón de plumillas, acuarelas, caramelos, la radio y el deseo de tener mucho, mucho espacio para las pequeñas cosas, mi familia, los amigos, las comilonas, largos paseos, risas y un poco de mal humor.

En los últimos años he recibido algunos premios como el premio Hospital Sant Joan de Deu de ilustración 2003, el premio CCEI de ilustración 2003 y el CCEI de ilustración 2004.

ANA MARIA MACHADO

En la vida de la escritora Ana Maria Machado los números son siempre generosos: 35 años de carrera, más de 100 libros publicados en 17 países, sumando más de 18 millones de ejemplares vendidos. Los premios conseguidos a lo largo de su carrera son tantos que la autora ha perdido la cuenta.

Ana empezó como pintora, pero al cabo de doce años decidió dedicarse a escribir, aunque sigue pintando. Se dedicó a enseñar en colegios y facultades, escribió artículos y tradujo textos. A finales de 1969, Ana dejó Brasil y marchó al exilio.

Luchando por sobrevivir con sus hijos Rodrigo y Pedro, trabajó como periodista en París y Londres, además de terminar la tesis de doctorado en Lingüística y Semiología en la Sorbona.

Regresó a Brasil a finales de 1972, donde siguió ejerciendo el periodismo. Desde 1980 se dedica a lo que más le gusta: escribir libros, tanto para adultos como para niños. En en el año 2000, obtuvo el Premio Hans Christian Andersen.

Es miembro de la Academia Brasileira das Letras desde 2003.

Este ejemplar se terminó de imprimir en Enero de 2014,
En COMERCIALIZADORA DE IMPRESOS OM S.A. de C.V.
Insurgentes Sur 1889 Piso 12 Col. Florida
Alvaro Obregon, México, D.F.